Bibliografische Information der Deutschen Nationalbibliothek
Die Deutsche Nationalbibliothek verzeichnet diese Publikation
in der Deutschen Nationalbibliografie;
detaillierte bibliografische Daten sind im Internet
über http://dnb.ddb.de abrufbar.

 D C B A
Redaktionelle Leitung: Eva Günkinger, Nina Schiefelbein
Lektorat: Sophia Marzolff
Fachberatung: Ulrike Holzwarth-Raether
Herstellung: Claudia Rönsch
Layout und Satz: Michelle Vollmer, Mainz
Illustration Lesedetektive: Barbara Scholz
Umschlaggestaltung: Mischa Acker
Printed in Spain
ISBN 978-3-411-71079-9

Ein Tauchkurs für Olli

Text und Bilder von Daniel Napp

Dudenverlag
Mannheim · Zürich

Olli liegt auf dem Bett
und denkt an die Sommerferien.
Da will er unbedingt
einen Tauchkurs belegen.
Sein größter Wunsch ist es,
im Meer mitten in einem Schwarm
riesiger Fische zu schwimmen!
Genau wie der Taucher
aus dem Urlaubsprospekt.

Aber sein Vater findet,
dass zwei Wochen auf La Palma
schon genug Geld kosten.
Auch ohne Tauchkurs.
Da hat Olli eine Idee.
Bald hat er doch Geburtstag …
Wie wäre es, wenn er sich
statt dem ferngesteuerten Monster
einfach den Tauchkurs wünscht?

1. Fall: Was hat sich Olli vorher zum Geburtstag gewünscht?

einen fern-
gesteuerten
Monster-
truck

Schnell holt er Schere und Klebstoff
und bastelt einen Wunschzettel.
Es wird ein Wunschzettel ohne Worte:
Er schneidet den Taucher
aus dem Prospekt aus
und klebt ihn auf ein Blatt Papier.
Über das Gesicht pappt er
ein altes Passfoto von sich.
Dann malt er den Rest des Zettels
mit bunten Riesenfischen voll.

ein Feuer
speiendes
Monster

ein fern-
gesteuertes
Monster

Drei Wochen später
hat Olli endlich Geburtstag.
Strahlend überreichen seine Eltern
ihm ein großes Paket. Olli zögert.
Für einen Tauchkurs-Gutschein
ist es viel zu groß …
Bekommt er etwa gleich eine
Taucherausrüstung mit dazu?

Olli reißt das Papier auf.
Darunter findet er … ein Aquarium.
Wie blöd! Irgendwie haben seine Eltern
den Wunschzettel falsch verstanden.

„Herzlichen Glückwunsch!“,
sagt sein großer Bruder Michael.
Vorsichtig reicht er Olli
eine mit Wasser gefüllte Plastiktüte.
Darin schwimmt ein Schwarm Neonfische.
Neonfische kennt Olli. Sarahs Eltern
haben welche in ihrem Aquarium.
Olli macht sich immer darüber lustig.
Weil doch Neonfische die
langweiligsten Fische der Welt sind!

2. Fall: Olli könnte glatt losheulen. Warum?

Jetzt könnte Olli glatt losheulen.
Trotzdem tut er so,
als würde er sich freuen.
Schließlich haben seine Eltern
und der Michael es nur gut gemeint.
Aber den Tauchkurs
kann er jetzt vergessen.

Er ist verärgert.

Er ist wütend.

Am nächsten Tag kommt Sarah zu Besuch.
Als Geschenk bringt sie Olli einen
Spielzeugtaucher aus Plastik mit.
Den kann er jetzt wenigstens
in seinem Aquarium tauchen lassen.
Mitten in einem Schwarm Neonfische.
Doch als sie den Taucher
ins Wasser lassen, verstecken sich
die Fische hinter einer Wurzel.
Darüber kann Olli wieder lachen.

„Was für Angsthasen! Ich brauche unbedingt größere Fische“, sagt er.
„Und ich weiß auch schon, wo es die gibt!“, ruft Sarah.
Sie nimmt Olli an der Hand und schleift ihn durch die Fußgängerzone.
Vor einer Zoohandlung bleibt sie stehen.

„Der alte Herr Schmidt hat
das größte Riesenaquarium
der ganzen Stadt“, sagt Sarah.
Leider hängt an der Ladentür
ein Schild:
„Wegen Reinigungsarbeiten
vorübergehend geschlossen.“
„Schöner Käse“, sagt Sarah.

Olli entdeckt eine Katzenklappe,
aber da passt nur sein Kopf durch.
Sarah hat eine bessere Idee.
Sie zieht Olli aus der Katzenklappe
und führt ihn über einen Hof
zum Hintereingang der Zoohandlung.

Sarah drückt gegen die Hintertür.
Sie ist unverschlossen.
„Ist das nicht Einbruch?“, fragt Olli.
„Ach was“, sagt Sarah.
„Der alte Herr Schmidt kennt mich ja.
Sicher freut er sich über Besuch.“

3. Fall: Durch welchen Eingang führt Sarah ihren Freund?

durch den Neben-eingang

In der Zoohandlung riecht es
nach Sägespänen und Kaninchen.
Von Herrn Schmidt keine Spur.
„Herr Schmidt?“, ruft Sarah.
Keine Antwort.
Olli will einen Papagei füttern,
aber Sarah zieht ihn weiter.

durch den
Hinter-
eingang

durch den
Seiten-
eingang

Im nächsten Raum ist es
ziemlich düster.
Nur etwas Neonlicht
scheint aus den Aquarien,
in denen Zierfische kreisen.
Ein Riesenaquarium
kann Olli nirgends entdecken.

Sarah verschwindet hinter
einem Vorhang aus Plastikstreifen.
„Schau dir das an!“, ruft sie.
Olli folgt ihr in einen schmalen Raum.
Blaues Licht flackert ihnen entgegen.
Hinter einer Wand aus Panzerglas
schwimmen die größten Fische,
die Olli je gesehen hat.

Olli läuft zu der Scheibe
und drückt sich fast die Nase platt.
Ganz dicht vor ihm zieht langsam
ein riesenhafter Karpfen vorbei.
Weiter hinten entdeckt er einen Stör.

„Sieh nur“, flüstert Sarah.
Sie deutet auf einen Felsen,
hinter dem Luftblasen aufsteigen.
Olli stellt sich auf die Zehenspitzen,
um hinter den Felsen zu sehen.
Doch er erkennt nur
einen unförmigen Schatten,
der über den Boden huscht.

„Ich glaube, dahinter
ist ein Seemonster“, sagt Olli.
Mit Monstern kennt er sich aus.
Sarah tippt sich gegen die Stirn.
„Das hier ist ein Süßwasseraquarium“,
sagt sie. „Hier gibt es keine …“

4. Fall: Wie heißt das seltsame Ungeheuer?

Tiefseh-Hippogrendel

Plötzlich schreit Olli auf.
Der Schatten kommt
hinter dem Felsen hervor.
Es ist ein schwarz glänzender
Tiefsee-Hippogrendel!
Olli stürmt aus dem Raum
und versteckt sich
hinter dem Plastikvorhang.

Tiefsee-
Hypogrendel

Tiefsee-
Hippogrendel

„Hallo, Herr Schmidt!“,
hört er Sarah rufen.
Olli wagt sich aus seinem Versteck.
Von wegen Hippogrendel –
es ist ein älterer Mann
in einer Taucherausrüstung.
Der Taucher macht Sarah ein Zeichen.
„Wir dürfen in den Technikraum“,
sagt Sarah und rennt los.

Im Technikraum winden sich
unzählige Rohre um das Aquarium.
Dazwischen wummert eine Pumpe
über einem dicken Kessel.
Überall blinken kleine Lämpchen.
Olli hat das Gefühl,
mitten in einer Fabrik zu stehen.

„Hallo Kinder“, sagt Herr Schmidt
und schiebt seine Taucherbrille hoch.
„Ich wollte sowieso gerade Pause
machen. Und wo ihr schon da seid,
könnt ihr mir aus dem Becken helfen?“
Olli und Sarah halten die Leiter fest,
während Herr Schmidt
langsam die Sprossen herabklettert.

Nachdem er sich umgezogen hat,
gibt es im Büro Kuchen und Apfelsaft.
„Ich habe auch ein Aquarium“,
erklärt Olli Herrn Schmidt.
Plötzlich ist er ein bisschen stolz
auf seine Neonfische.

Doch Herr Schmidt
sieht gar nicht so glücklich aus.
„Wahrscheinlich muss ich das
Schaubecken bald schließen“, sagt er.
„Warum denn das?“,
ruft Sarah entsetzt.
„Mein Rücken macht nicht mehr mit“,
erklärt Herr Schmidt.
„Und ein Profitaucher
kostet zu viel Geld“, seufzt er.

Plötzlich springt Olli auf und ruft:
„Aber ich bin doch ein Taucher!“
Sarah starrt Olli entgeistert an.
„Na ja, fast …“, sagt Olli.
„Aber wenn Sie mir erklären,
wie das geht, könnte ich das Becken
für Sie sauber machen.“
Olli hält die Luft an.
Da lächelt Herr Schmidt.
„Warum eigentlich nicht?“, sagt er,
und dann fangen alle an zu lachen.

Herr Schmidt zeigt Olli,
wie die Atemausrüstung funktioniert.
Dann klettert Olli in das Becken
und macht ein paar Probetauchgänge.
Bald kann Olli mühelos
unter Wasser atmen.

Unter der Aufsicht von Herrn Schmidt
entfernt er vorsichtig
die Algen vom Glas.
Die ganze Zeit umkreisen ihn
neugierig die Barsche.
Ab und zu streicht Olli dem Stör
vorsichtig über den Rücken.

Auf dem Weg nach Hause
ist Olli ganz zappelig vor Freude.
Sarah freut sich mit ihm:
Herr Schmidt kann sein
Schaubecken behalten.
Und Olli darf alle zwei Wochen
zum Tauchen kommen! Dafür bekommt er
sogar etwas Geld von Herrn Schmidt.

5. Fall: Was stimmt?
Olli ist vor Freude ganz

hippelig.

„Wenn ich das Geld spare,
habe ich bis zu den Sommerferien
genug für den Tauchkurs“, sagt Olli.
Sarah lacht und sagt:
„Wenn du den dann
überhaupt noch brauchst!“

zappelig.

flatterig.

Was sagst du dazu?

Wie könnte dein „Wunschzettel ohne Worte“ aussehen?

Gestalte deinen Wunschzettel und schicke ihn uns!
Als Dankeschön verlosen wir unter den Einsendern zweimal jährlich tolle Buchpreise aus unserem aktuellen Programm!
Eine Auswahl der Einsendungen veröffentlichen wir außerdem unter www.lesedetektive.de.

Die Duden-Lesedetektive: Leseförderung mit System

Lesedetektive 2. Klasse

32 Seiten, gebunden.
6,95 € (D); 7,20 € (A)

- Ein Tauchkurs für Olli
- Lillis verrücktes Weihnachtsfest
- Lilli und die Riesenkrake
- Max und der Geräuschemacher
- Svenja will Windpocken haben
- Svenia will ein Junge sein
- Anna und der Meerschweinchenvampir
- Ein Tag auf dem Pferdehof
- Das Gespenst aus der Kiste
- Ein blinder Passagier
- Eine Sommernacht im Zelt
- Ein bester Freund mal zwei
- Sarah und der Findekompass
- Emil und der neue Tacho
- Die Prinzessin im Supermarkt
- Auf der Suche nach dem verschwundenen Hund

Lesedetektive 3. Klasse

48 Seiten, gebunden.
7,95 € (D); 8,20 € (A)

- Luzie findet einen Vogel
- Nelly und der Piratenschatz
- Nelly, die Piratentochter
- Herr von Blech ist verliebt
- Herr von Blech geht zur Schule
- Herr von Blech zieht ein

Lesedetektive gibt es für die 1. bis 4. Klasse sowie als Vorlesegeschichten

www.lesedetektive.de

Gefunden!
Knote den Streifen einfach
an das Lesebändchen an
und fertig ist deine Fingerabdruckkartei
für die Detektivfälle!
Für jeden Fall im Buch gibt es einen
Fingerabdruck in deiner Kartei. Diesen
Abdruck findest du bei der richtigen
Antwort im Buch wieder.